Italy 義大利

no.85

MOOK NEWAction

義大利 Italy

MOOK NEWAction no.85

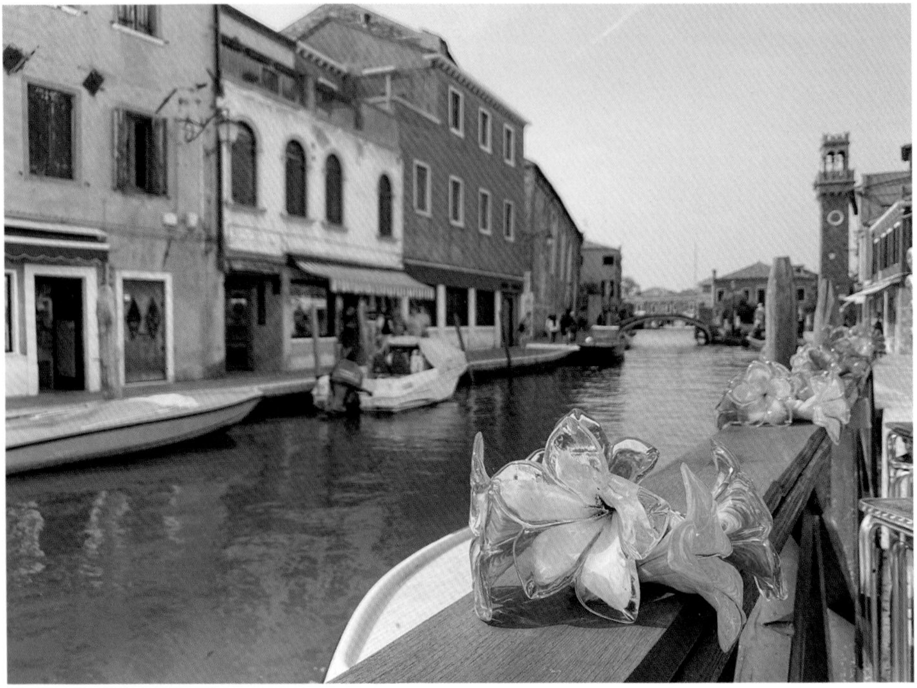

P.4 **歡迎來到義大利Welcome to Italy**
P.6 義大利全圖Map of Italy
P.8 必去義大利理由Top Reasons to Go

P.9 **旅行計畫Plan Your Trip**
P.10 義大利之最Top Highlights of Italy
P.20 義大利精選行程Top Itineraries of Italy
P.22 最佳旅行時刻When to go
P.24 義大利好味Best Taste in Italy
P.30 義大利好買Best Buy in Italy
P.33 義大利交通攻略Transportation in Italy

P.41 **義大利百科Italy Encyclopedia**
P.42 義大利簡史Brief History of Italy
P.44 義大利・梵諦岡・聖馬利諾世界遺產 World Heritages of Italy, Vaticano, San Marino
P.59 義大利的藝術Art of Italy
P.64 文藝復興三傑 Three Masters of the Renaissance
P.66 義大利名牌Italian Brands

P.69 **分區導覽Area Guide**
P.70 如何玩義大利各地How to Explore Italy
P.72 **羅馬及梵諦岡Roma and Vaticano**
P.74 **羅馬Roma**
威尼斯廣場・坎皮多怡歐廣場・圓形競技場・帝國議事廣場・羅馬議事廣場・帕拉提諾之丘・君士坦丁凱旋門・聖彼得鎖鏈教堂・科士美敦的聖母教堂・拉渥那廣場・萬神殿・特維雷噴泉・西班牙廣場・巴貝里尼廣場・無垢聖母瑪利亞教堂・勝利聖母瑪麗亞教堂・波各賽別墅與波各賽美術館・大聖母瑪利亞教堂・阿皮亞古道公園・提弗利(哈德良別墅・艾斯特別墅)
P.115 **梵諦岡Vaticano**
聖彼得廣場・聖彼得大教堂・梵諦岡博物館・聖天使堡
P.130 **吃在羅馬**
P.135 **買在羅馬**
P.137 **住在羅馬**

P.138 **佛羅倫斯及托斯卡尼 Firenze and Toscana**
P.140 **佛羅倫斯Firenze**
聖母百花大教堂・領主廣場・烏菲茲美術館・老橋・巴傑羅美術館・中央市場・新聖母瑪利亞教堂・藝術學院美術館・聖十字教堂・麥第奇禮拜堂・碧提宮・米開朗基羅廣場